Order this book online at www.trafford.com
or email orders@trafford.com

Most Trafford titles are also available at major online book retailers.

© Copyright 2010 El Dr. Harry R. Irving Ed.D.

All rights reserved. No part of this publication may be reproduced, stored in a retrieval system, or transmitted, in any form or by any means, electronic, mechanical, photocopying, recording, or otherwise, without the written prior permission of the author.

Printed in Victoria, BC, Canada.

ISBN: 978-1-4251-6398-3 (sc)

Our mission is to efficiently provide the world's finest, most comprehensive book publishing service, enabling every author to experience success. To find out how to publish your book, your way, and have it available worldwide, visit us online at www.trafford.com

Trafford rev. 1/7/2010

www.trafford.com

North America & international
toll-free: 1 888 232 4444 (USA & Canada)
phone: 250 383 6864 ♦ fax: 812 355 4082

Contenido

	Página
Introducción	viii

aeroplano	1
cocodrilo	2
hormiga	3
simio	4
manzana	5
bola	6
globos	7
plátanos	8
murciélago	9
oso	10
cama	11
bicicleta	12
pájaro	13
barca	14
libro	15
caja	16
tazón de fuente	17
muchacho	18
pan	19
búfalo	20
insecto	21
autobús	22
mantequilla	23
mariposa	24
tarta	25

camello	26
vela	27
gorra	28
coche	29
zanahoria	30
gato	31
silla	32
queso	33
cheeseburger	34
cereza	35
gallina	36
iglesia	37
cigarrillo	38
reloj	39
computadora	40
galletas	41
sofá	42
vaca	43
taza	44
ciervos	45
perro	46
muñeca	47
delfín	48
puerta	49
vestido	50
tambores	51
pato	52
águila	53
oído	54
huevos	55
ocho	56
elefante	57

ojo 58
cerca 59
fuego 60
pescado 61
cinco 62
bandera 63
flor 64
mosca 65
tenedor 66
cuatro 67
zorro 68
patatas fritas 69
rana 70
puerta 71
jirafa 72
muchacha 73
vasol 74
guantes 75
cabra 76
uvas 77
arma 78
hamburguesa 79
sombrero 80
caballo 81
perro caliente 82
casa 83
helado 84
chaqueta 85
medusa 86
jugo 87
canguro 88
llave 89

cometa	90
gatito	91
cuchillo	92
escala	93
lámpara	94
limón	95
leopardo	96
lechuga	97
león	98
lagarto	99
hombre	100
mapa	101
leche	102
dinero	103
mono	104
alce	105
motocicleta	106
ratón	107
pulpo	108
uno	109
naranja	110
buho	111
cacerola	112
pantalones	113
loro	114
melocotón	115
pera	116
lápices	117
piano	118
empanada	119
cerdo	120
piña	121

pizza	122
platos	123
mesa de billar	124
olla	125
patata	126
calabaza	127
perrito	128
conejo	129
raccoon	130
radio	131
rata	132
anillo	133
escuela	134
sello	135
siete	136
tiburón	137
oveja	138
barco	139
camisa	140
zapatos	141
seis	142
esqueleto	143
falda	144
mofeta	145
cielo y estrellas	146
caracol	147
serpiente	148
calcetines	149
cuchara	150
ardilla	151
estufa	152
sol	153

gafas de sol	154
piscina	155
mesa	156
oso de peluche	157
teléfono	158
televisión	159
diez	160
tres	161
tigre	162
tomate	163
cepillo de dientes y goma	164
tren	165
árbol	166
camión	167
trompeta	168
pavo	169
tortuga	170
dos	171
paraguas	172
florero	173
volcán	174
carreta	175
sandía	176
ballena	177
ventana	178
mujer y bebé	179
cebra	180

Introducción

Propósito

El libro se diseña para asistir a padres y a profesores en las habilidades de los artes de la lengua de los niños que se convierten, en el país y en los niveles primarios del grado de la escuela.

Descripción

Esta "Cuadro-Palabra de los niños y libro simple de la oración" se compone de 180 cuadros de algunos animales y las oraciones comunes del cosa y simples, esas los niños necesitan aprender.

Suplementos

Además de este libro, el autor ha desarrollado "un libro del colorante del cuadro", consistiendo en 180 cuadros de algunos animales y cosas comunes representados en el libro, esos los niños gozará de colorear y de tres herramientas del gravamen, (1) una búsqueda de dieciocho palabras y dieciocho hojas de los crucigramas reservan, (2) un libro de dieciocho de la Cuadro-palabra hojas de los concursos, y paquete (3) cartas 180 de un tirón y etiquetas del nombre" para acompañar este libro básico y para los propósitos de medir lo que ha aprendido el niño.

Además, este libro también viene en versiones inglesas y francesas.

Finalmente, abajo está una lista de los trabajos del autor que son a deben y se anima a los padres, a los profesores, y a los estudiantes que los compren. Cada uno vendió por separado.

1) "**Cuadro-Picture-Word de los niños y libro simple de la oración**"
2) "**Libro del colorante del cuadro**"
3) "**Libro de los crucigramas de la búsqueda y de la palabra**"
4) "**La "Cuadro-Palabra Quizzes el libro**"
5) "**Cartas de tirón y paquete de las etiquetas del nombre**"

<u>aeroplano</u>

Puedo volar arriba en el cielo.
Puedo volar de ciudad a la ciudad.
¿Usted ha volado siempre en mí?

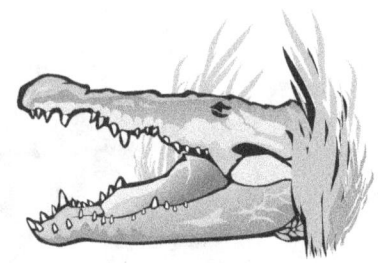

<u>cocodrilo</u>

Soy un animal.
Soy un reptil grande.
Vivo en el lago.

hormiga

Soy un insecto.
Vivo en la tierra.
Soy muy minúsculo.

simio

Soy un animal.
Me llaman un gorila.
Venido visíteme en el parque zoológico.

manzana

Soy una fruta.
Crezco en un árbol.
Usted puede hacer una empanada
fuera de mí.

bola

Usted puede jugar con mí.
Usted puede lanzarme.
Usted puede cogerme.

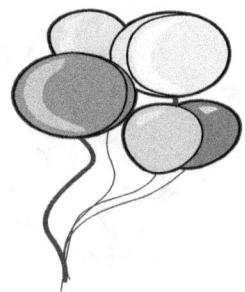
globos

Usted puede soplarme para arriba.
Puedo volar arriba en el cielo.
Vendré a su fiesta de
cumpleaños.

plátanos

Soy una fruta.
Pruebo bueno en el cereal.
Soy amarillo.

<u>murciélago</u>

Soy un animal.
Vivo en cuevas.
Puedo volar.

oso

Soy un animal.
Vivo en el bosque.
No juegue por favor con mí.

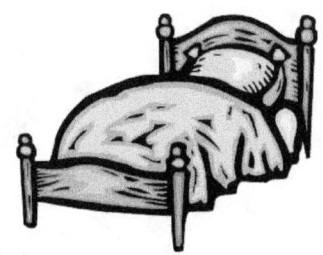

<u>cama</u>

Usted puede dormir en mí.
Hágame por favor para arriba.
Tengo dos almohadillas.

<u>bicicleta</u>

Tengo dos ruedas.
Usted puede montar en mí.
¿Use por favor un casco al montar en mí?

pájaro

Soy un animal.
Tengo alas.
Puedo volar arriba en el cielo.

barca

Usted puede montar en mí.
 Puedo llevarle a través del lago.
Usted puede ir a pescar en mí.

libro

Usted puede leerme.
¿usted tiene gusto de leer?
Usted puede encontrarme en la biblioteca.

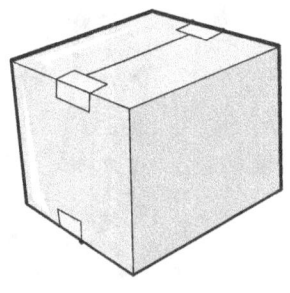

caja

Usted puede poner un regalo en mí.
Usted puede embalar cosas en mí.
Puedo ayudarle a moverse.

<u>tazón de fuente</u>

Usted puede comer la sopa en mí.
Usted puede comer una ensalada en mí.
Usted puede comer el cereal en mí.

muchacho

Mi nombre es Juan.
Soy seis años.
Estoy en el de primera categoría.

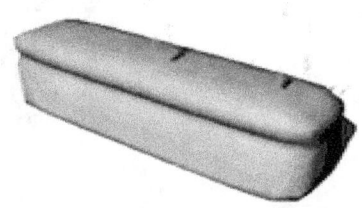

pan

Usted puede comerme.
Usted puede poner la mantequilla en mí.
Usted puede hacer un emparedado con mí.

búfalo

Soy un mamífero.
Tengo cuernos.
Yo como la hierba.

insecto

Soy un insecto.
Puedo arrastrarme.
Soy minúsculo.

autobús

Usted puede montar en mí.
Le llevaré a la escuela.
Usted puede ir hacia el centro de la ciudad en mí.

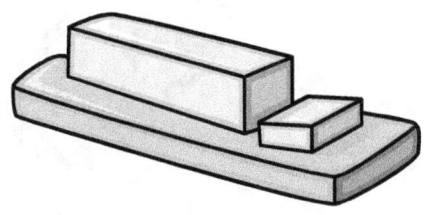

mantequilla

Pruebo bueno. Usted puede comerme en el pan.
Manténgame por favor el refrigerador.

<u>mariposa</u>

Soy un insecto.
Puedo volar.
Utilizo ser una oruga.

<u>tarta</u>

Usted puede comerme.
Pruebo bueno con helado.
Haré su cumpleaños feliz.

<u>camello</u>

Soy un mamífero.
Tengo uno o dos chepas.
Vivo en el desierto.

vela

Usted puede encenderme.
Usted puede ver en la obscuridad con mí.
Usted puede ponerme en su torta de cumpleaños.

<u>gorra</u>

Usted puede usarme en su cabeza.
Puedo guardar el sol apagado de su cabeza.
A veces me llaman un sombrero.

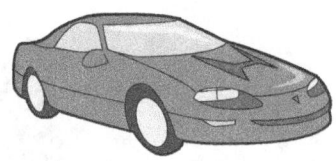

<u>coche</u>

Usted puede montar en mí.
Le llevaré dondequiera que usted desea ir.
Por favor hebilla-para arriba cuando usted monta en mí.

zanahoria

Soy un vehículo.
Soy bueno para sus ojos.
Cómame por favor diario.

gato

Mi nombre es Jane.
Hago un buen animal doméstico.
Digo Meow, Meow, Meow.

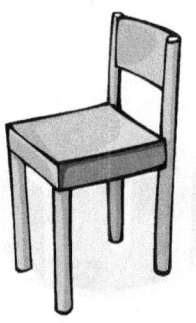

silla

Tengo cuatro piernas.
Usted puede sentarse en mí.
Tengo gusto de las mesas.

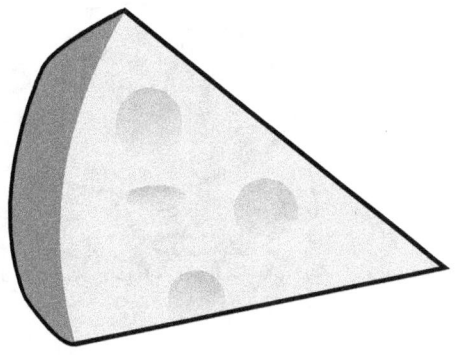

queso

Me hacen de la leche.
Usted puede yo en un cheeseburger.
Usted puede ponerme en las galletas.

cheeseburger

Soy un emparedado.
Pruebo bueno.
Usted puede comerme para el almuerzo.

<u>cerezas</u>

Soy una fruta.
Pruebo bueno.
Usted puede hacer una empanada con mí.

gallina

Soy una gallina.
Digo Cluck del Cluck del Cluck.
Pongo los huevos.

<u>iglesia</u>

Visíteme por favor. Usted puede
visitarme en cualquier momento.
Tengo gusto de visitantes el domingo.

cigarrillo

No me fume por favor.
No soy bueno para su salud.
Puedo hacerle enfermo.

reloj

Usted puede decir tiempo con mí.
Usted puede colgarme en la pared.
Le despertaré para arriba por la mañana.

computadora

Usted puede hacer el trabajo de la escuela sobre mí.
Usted sabe jugar juegos en mí.
Usted puede mirar para arriba la información sobre mí.

<u>galletas</u>

Me hacen con las virutas del chocolate.
Usted me cuece al horno en el horno.
Pruebo bueno con leche.

<u>sofá</u>

Usted puede sentarse en mí.
Usted puede mirar la televisión en mí.
Usted puede tomar una siesta en mí.

<u>**vaca**</u>

Soy un animal.
Digo el MOO del MOO del MOO.
Doy la leche.

taza

Usted puede beber el café fuera de mí. Usted puede beber té fuera de mí. Usted puede beber el chocolate caliente fuera de mí.

ciervo

Soy un animal.
Vivo en el bosque.
Yo como la hierba.

perro

Mi nombre es Mike.
Hago un buen animal doméstico.
Tómeme por favor para una caminata.

muñeca

Mi nombre es Samantha.
Usted puede jugar con mí.
Usted puede vestirme.

delfín

Vivo en el océano.
Soy un mamífero.
Tengo aletas.

puerta

Usted puede abrirme.
Usted puede cerrarme.
Usted puede trabarme.

vestido

Las muchachas me usan.
Por favor manténgame limpio.
Usted puede plancharme.

tambores

Soy un instrumento musical.
Usted puede aprender cómo jugarme.
Pregunte a su profesor de la música en
la escuela.

pato

Digo a Quack del Quack del Quack. Puedo nadar. Puedo volar.

<u>águila</u>

Soy un pájaro.
Puedo volar arriba en el cielo.
Busco para mi alimento.

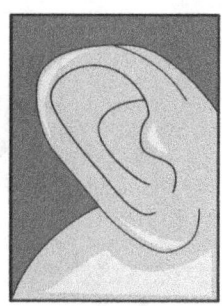

oído

Usted oye con mí.
Usted tiene dos de mí.
Por favor manténgame
limpio.

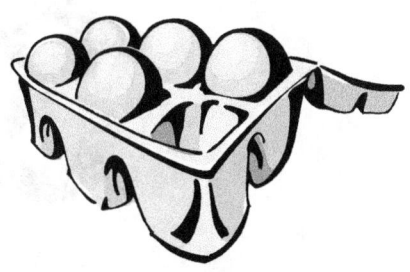

huevos

Usted puede freírme.
Usted puede hervirme.
Usted puede colorearme para Pascua.

ocho

Soy un número.
Cuatro más cuatro me iguala.
4 + 4 = yo.

<u>elefante</u>

Soy un animal grande.
Tengo un tronco.
Tengo una cola.

ojo

Usted tiene dos de mí.
Usted puede ver con mí.
Por favor cuidado de la toma de mí.

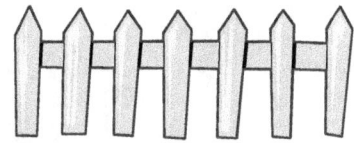

cerca

Protegeré su casa.
Puesto me alrededor de su yarda.
Usted puede pintarme.

fuego

Soy extremadamente caliente.
No juegue por favor con los fósforos.
Puedo ser peligroso.

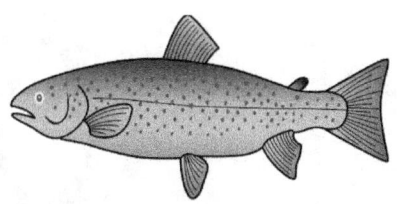

pescado

Vivo en el agua.
Puedo nadar.
Usted puede comerme.

cinco

Soy un número.
Dos más tres me iguala.
2 + 3 = yo.

<u>bandera</u>

Represento los Estados Unidos de América.
Usted dice el compromiso de la lealtad a mí en la escuela.
No me dañe por favor.

<u>flor</u>

Soy una planta.
Crezco en la tierra.
Soy bonito.

mosca

Soy un insecto.
Tengo dos alas.
Me convertí de un gusano.

tenedor

Usted puede comer con mí.
Puesto me en la tabla.
Sea seguro lavarme.

cuatro

Soy un número.
Dos más dos me iguala.
2 + 2 = yo.

zorro

Soy un animal.
Puedo funcionar rápidamente.
Vivo en el bosque.

Patatas fritas

Hice de las patatas.
Pruebo bueno con la salsa de tomate. Usted puede comer un cheeseburger junto con mí.

rana

Soy un anfibio.
Puedo saltar.
Puedo vivir en agua y en tierra.

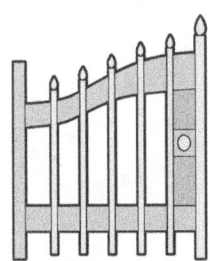

puerta

Usted puede abrirse y me cierra.
No dejaré el perro hacia fuera.
Usted puede trabarme.

jirafa

Soy un animal.
Tengo un cuello largo.
Vivo en África.

muchacha

Mi nombre es Nancy.
Soy 10 años.
Estoy en el 5th grado.

vaso

Usted puede beber la leche fuera de mí.
Usted puede beber el agua fuera de mí.
Láveme por favor.

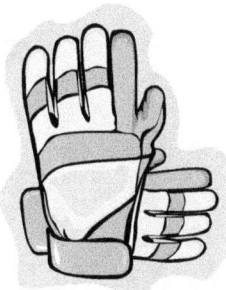

guantes

Protegeré sus manos.
Mantendré sus manos calientes.
No me pierda por favor.

<u>cabra</u>

Soy un animal.
Tengo cuernos.
Doy la leche.

uvas

Soy una fruta.
Crezco en una vid.
La gente hace el vino fuera de mí.

arma

Soy peligroso.
No juegue por favor con mí.
Por favor manténgame inmovilizado.

<u>hamburguesa</u>

Me hacen de la carne.
Por favor puesto me en un bollo.
También ponga la lechuga y el tomate en mí.

sombrero

Usted puede usarme en su cabeza.
Puedo guardar el sol de su cabeza.
Puedo guardar la lluvia de su cabeza.

caballo

Soy un animal.
Puedo funcionar rápidamente.
Usted puede montar en mí.

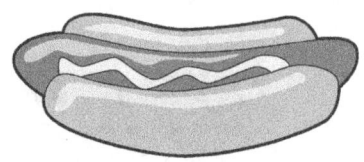

<u>perro caliente</u>

Usted puede poner la mostaza en mí.
Usted puede poner la salsa de tomate en mí.
¿usted tienen gusto de cebollas en mí?

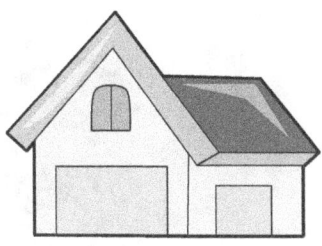

casa

Usted puede vivir en mí.
Usted puede cocinar en mi cocina.
Usted puede poner una cerca
alrededor de mí.

helado

Usted puede comerme en un cono.
¿Cuál es su helado preferido?
Guárdeme por favor fuera del sol.

chaqueta

Puedo mantenerle caliente.
Úseme por favor en un día frío.
Por favor manténgame limpio.

medusa

Vivo en el océano.
No juegue por favor con mí.
Puedo picar.

<u>jugo</u>

Hice fuera de naranjas.
Bébame por favor para el desayuno.
Pruebo bueno verdadero.

canguro

Soy un animal.
Puedo saltar arriba.
Vivo en Australia.

llave

Usted me necesita conducir su coche.
Usted me necesita abrir puertas.
No me pierda por favor.

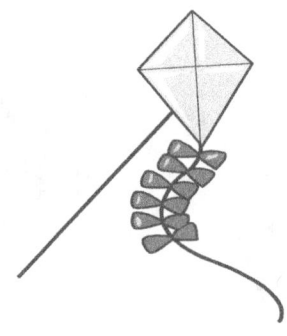

<u>cometa</u>

Puedo volar arriba en el cielo.
Tengo gusto de los vientos de
Marzo.
Guárdeme lejos de árboles.

gatito

Soy un pequeño gato del bebé.
Hago un buen animal doméstico.
Digo Meow Meow Meow.

<u>cuchillo</u>

Usted puede cortar la carne con mí.
Usted puede cortar una torta con mí.
Por favor puesto me en la tabla.

escala

A veces me llaman una paso-escala.
Usted puede alcanzar el alto lugar en mí.
Tenga por favor cuidado al usarme.

lámpara

Usted puede leer un libro con mí.
Déme vuelta de cuando usted se va a la cama.
Excepto energía dándome vuelta apagado.

limón

Soy una fruta.
Usted puede hacer una empanada fuera de mí.
Usted puede hacer la limonada fuera de mí.

leopardo

Soy un animal.
Puedo funcionar realmente
rápido. Vivo en África.

<u>lechuga</u>

Soy un vehículo verde.
Usted puede hacer una ensalada con mí.
Usted puede ponerme en un emparedado.

león

Soy un animal.
Soy el rey de la selva.
Busco para mi alimento.

lagarto

Soy un reptil.
Vivo en tierra.
Tengo gusto de desiertos.

hombre

Mi nombre es Jose.
Vivo en México.
Hablo español.

mapa

Soy un mapa del Unidos Estados.
Puedo ayudarle a conducir a través del país.
Manténgame por favor su coche.

leche

Le doy los huesos fuertes.
Soy también bueno para sus dientes.
Pruebo bueno en el cereal.

<u>dinero</u>

Usted puede comprar cosas con mí.
Usted puede ahorrarme en el banco.
 Soy una cuenta $1, $5, $10, $20, $50, o $100.

mono

Soy un animal.
Vivo en la selva.
Tengo gusto de plátanos.

alce

Soy un animal.
Vivo en el bosque.
Tengo cornamentas.

motocicleta

Usted puede montar en mí.
Use por favor un casco.
Tengo dos ruedas.

ratón

Soy un roedor.
Estoy asustado de gatos.
Tengo gusto del queso.

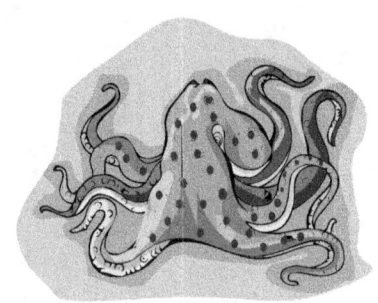

pulpo

Vivo en el océano.
Tengo ocho brazos.
Usted puede comerme.

uno

Soy un número.
1 + 1 = 2.
1 + 1 +1 = 3.

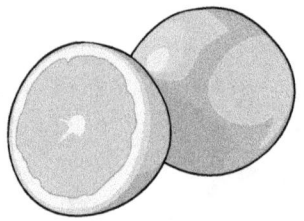

naranja

Soy una fruta.
Usted puede hacer el jugo fuera de mí.
Mi color es anaranjado.

buho

Soy un pájaro.
Puedo volar.
Digo Cortejo Cortejo Cortejo.

cacerola

Usted puede los huevos fritos en mí.
Usted puede freír el tocino en mí.
Láveme por favor.

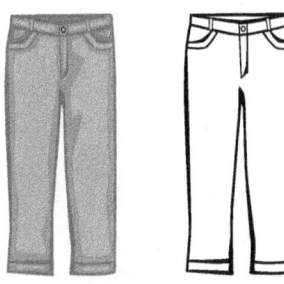

pantalones

Usted puede usarme.
Los muchachos me usan.
Las muchachas me usan también.

loro

Soy un pájaro.
Puedo hablar.
Puedo volar.

melocotón

Soy una fruta.
Pruebo bueno.
Usted puede hacer una empanada fuera de mí.

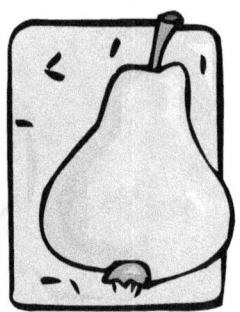

pera

Soy una fruta.
Pruebo bueno.
Usted puede comerme.

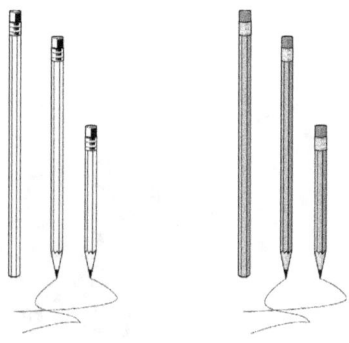

lápices

Usted puede escribir con mí.
Primero usted debe afilarme.
Usted puede borrar con mí.

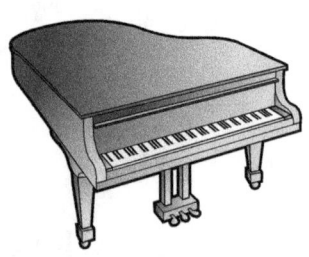

piano

Soy un instrumento musical.
Usted puede aprender cómo jugarme.
Pregunte a su profesor de la música en
la escuela.

empanada

Soy un desierto.
Pruebo bueno.
Usted tendrá gusto de mí.

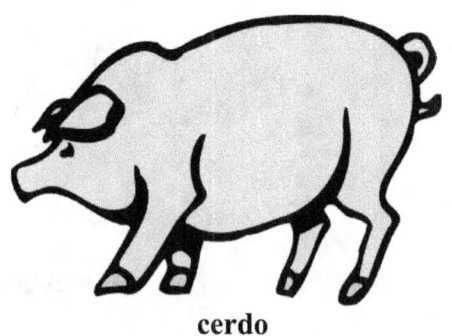
cerdo

Soy un animal.
Digo Oink Oink Oink.
A veces me llaman un cerdo.

piña

Soy una fruta.
Crezco en Hawaii.
Usted puede hacer una torta con mí.

pizza

Vine a América de Italia.
Me hacen con queso.
Usted puede poner los salchichones en mí.

platos

Usted come el alimento fuera de mí.
No me rompa por favor.
Láveme por favor.

mesa de billar

Usted sabe jugar billar en mí.
¿Usted sabe tirar a billar?
Es diversión para jugar billar.

olla

Usted puede cocinar en mí.
Usted puede hervir el agua en mí.
Tenga cuidado cuando usted meutiliza.

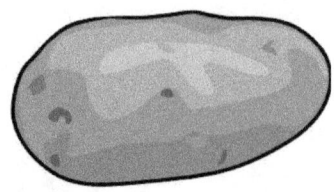

patata

Usted puede hacer las patatas fritas fuera de mí.
Usted puede cocerme al horno.
Usted puede triturarme.

calabaza

Soy un vehículo.
Usted puede hacer una empanada fuera de mí.
Le visitaré en Halloween.

<u>perrito</u>

Soy un animal.
Soy un pequeño perro del bebé.
Hago un buen animal doméstico.

conejo

Soy un animal.
Tengo piel.
Puedo saltar.

raccoon

Soy un animal.
Busco para el alimento en la noche.
No me acaricie por favor.

radio

Usted puede escuchar la música en mí.
Usted puede oír las noticias en mí.
Usted puede tomarme con usted.

rata

Soy un roedor grande.
Odio gatos.
Tengo gusto del queso.

anillo

Me hacen con oro.
Me hacen con un diamante.
Usted puede usarme en su dedo.

escuela

Usted puede aprender cómo leer aquí.
Usted puede aprender cómo escribir aquí.
Usted puede aprender cómo a haga la matemáticas aquí.

<u>sello</u>

Vivo en el océano.
Puedo nadar.
Tengo piel.

siete

Soy un número.
Cinco más dos me iguala.
5 + 2 = yo.

tiburón

Soy un pescado grande.
Yo como pequeños pescados.
Vivo en el océano.

oveja

Soy un animal.
Usted consigue las lanas de mí.
Digo Baa del Baa del Baa.

barco

Usted puede tomar una travesía en mí.
Navego en el océano.
Usted puede tener porciones de diversión en mí.

camisa

Usted puede usarme.
Le mantendré caliente.
Láveme por favor.

zapatos

Usted me usa en sus pies.
Usted usa calcetines con mí.
Por favor manténgame limpio.

seis

Soy un número.
Tres más tres me iguala.
3 + 3 = yo.

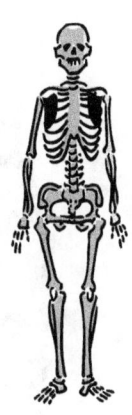

esqueleto

Me componen con 208 huesos.
La leche me hará fuerte
No me rompa por favor.

<u>falda</u>

Las muchachas pueden usarme.
Láveme por favor.
Plánchame por favor.

mofeta

Soy animal.
Soy blanco y negro.
Emito un mal olor.

El cielo y las estrellas

Soy alto para arriba en el cielo.
Salgo en la noche.
Soy grande y brillante.

caracol

Tengo una cáscara en mi parte posteriora.
Soy suave y fangoso.
Me muevo muy lentamente.

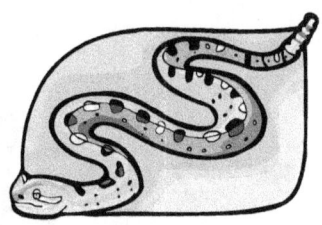

serpiente

Soy un reptil.
Tengo un traqueteo.
Soy venenoso.

calcetines

Usted me usa en sus pies.
Mantendré sus pies calientes.
Láveme por favor.

cuchara

Usted puede comer la sopa con mí.
Usted puede comer el cereal con mí.
Láveme por favor.

ardilla

Soy un animal.
Tengo gusto de comer tuercas.
Vivo en árboles.

estufa

Usted puede cocinar en mí.
Usted puede cocer al horno una empanada en mí.
Usted puede asar un pavo en mí.

<u>sol</u>

Soy alto para arriba en el cielo.
Vengo hacia fuera en el día.
Le mantendré caliente.

<u>gafas de sol</u>

Puedo proteger sus ojos contra el sol.
Úseme por favor en un día asoleado.
No me pierda por favor.

piscina

Carlos está aprendiendo cómo nadar.
¿Sabe usted nadar?
Pueden enseñarle cómo nadar en el YMCA.

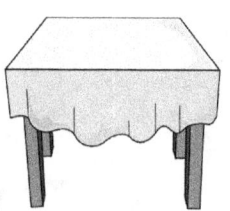

mesa

Usted puede comer el desayuno en mí.
Usted puede comer la cena en mí.
Tengo cuatro piernas.

<u>oso de peluche</u>

Por favor déme un abrazo.
Lléveme por favor a la cama con usted.
Te amo.

teléfono

Usted puede llamar a su amigo con mí.
Hola, hola.
Adiós, adiós.

televisión

Usted puede mirar historietas en mí.
Usted puede mirar las noticias en mí.
Usted puede mirar el tiempo en mí.

diez

Soy un número.
Cinco más cinco me iguala.
5 + 5 = yo.

tres

Soy un número.
Uno más dos me iguala.
1 + 2 = yo.

tigre

Soy un animal.
Tengo rayas.
Puedo funcionar rápidamente.

tomate

Soy un vehículo.
Usted puede hacer una ensalada con mí.
Usted puede ponerme en un emparedado.

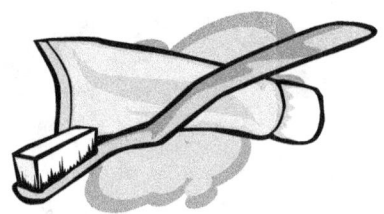

cepillo de dientes y goma

Cepille por favor sus dientes después de cada comida.
No deje cualquier persona otro utilizarme.
Por favor manténgame limpio.

tren

Usted puede montar en mí.
Viajo de ciudad a la ciudad.
¿usted tiene gusto de montar en mí?

árbol

Soy una planta.
Tengo hojas.
Hago mi propio alimento.

<u>camión</u>

Usted puede montar en mí.
Usted puede llevar la materia en mí.
No esté parada por favor para arriba en mí.

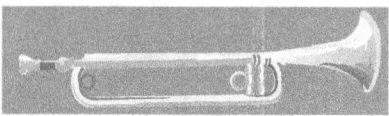

trompeta

Soy un instrumento musical.
Usted puede aprender cómo jugarme.
Pregunte a su profesor de la música en la escuela

pavo

Soy un pájaro.
Hago una buena cena de Thanksgiving.
Véale en Thanksgiving.

tortuga

Soy un reptil.
Camino lentamente.
Puedo vivir para ser 100 años.

dos

Soy un número.
Uno más uno me iguala.
1 + 1 = yo.

paraguas

Guardaré la lluvia apagado de usted.
Guardaré el sol apagado de su cabeza.
No me pierda por favor.

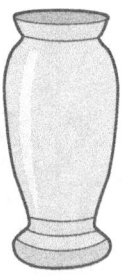

florero

Usted puede poner las flores en mí.
Usted puede ponerme en la tabla.
No me rompa por favor.

volcán

Soy muy caliente.
Tengo un fuego en mí.
Emito la lava.

carreta

Soy un juguete.
Los cabritos tienen gusto de montar en mí.
Papá Noel le me traerá.

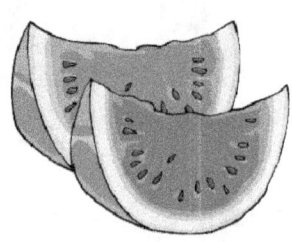

sandía

Soy una fruta.
Pruebo bueno.
Usted puede comerme.

ballena

Soy un mamífero grande.
Tengo aletas.
Vivo en el océano.

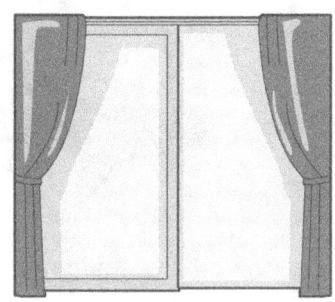

<u>ventana</u>

Usted puede cubrirme con las cortinas.
Usted puede cubrirme con las persianas.
Usted puede cubrirme con una cortina.

mujer y bebé

Soy una madre.
Mi nombre es Maria.
El nombre de mi bebé es Roberto.

cebra

Soy un animal.
Soy blanco y negro.
Tengo rayas.

www.ingramcontent.com/pod-product-compliance
Lightning Source LLC
Chambersburg PA
CBHW081154290426
44108CB00018B/2545